AF612397

Bibliaterapia

Aprendiendo a conocer la Biblia para disfrutar una vida plena

Armando Carrasco

Bibliaterapia ®
Armando Carrasco Zamora

Corrector de estilo: Lorenzo Morales

Primera edición 2021

ISBN: 978-607-29-2738-4

Publicado por
Escribanía ®
Puebla, Pue., México

www.escribania.com.mx
escribe@escribania.com.mx

Si no se indica otro origen para esta traducción las citas bíblicas pertenecen a: **LA SANTA BIBLIA®** Versión Reina-Valera (RV) Revisión de 1960. Así como de la traducción Nueva Traducción Viviente (NTV).

Índice

Intro-
ducción

Perdiendo el miedo a la palabra "Biblia"

Casi siempre que alguien menciona la palabra "Biblia", genera una inquietud natural en quienes la escuchan. Es de esas palabras que siempre provoca reacciones, dado que por lo general, la relacionamos con algo "religioso" o "místico". En algunas ocasiones hasta la vemos como el instrumento de alguna secta rara y muchas veces hasta produce un sentimiento de rechazo.

Es por eso que quiero aclarar algunos puntos, con el fin de poder darle a la gente, una perspectiva correcta acerca de la Biblia. Para el propósito de este libro, necesitamos ver a la Biblia sin esa sombra que nos genera el no conocer algunos datos importantes de ella.

Desde que leo la Biblia, me ha llamado mucho la atención el que bastante personas me dicen que no la leen, porque según dicen, la Biblia "se contradice". Pero me ha gustado ver su reacción, cuando les pregunto si la han leído en su totalidad. Todo mundo habla de la Biblia, muchas veces sin conocer lo básico de ella. Entonces, el primer punto es que para que podamos comentar al respecto, primero debemos conocerla; haberla leído completa al menos una vez.

Yo empecé a leer y a estudiar la Biblia sin ninguna tendencia religiosa, y he encontrado en ella respuestas a muchas inquietudes personales. En su momento escribiré de todo aquello que he experimentado con su lectura. No quiero hacer de este libro un tratado para convertir las Escrituras en un libro común y corriente, no; la Biblia tiene poder para cambiar vidas y para solucionar nuestros problemas.

La Biblia es un instructivo completo para poder vivir la vida plenamente. Es un libro de consejos prácticos. Muchas veces la gente la ve como algo muy complejo de entender, o que tiene significados muy "profundos" o peor aún, que se necesita de alguien para "explicar" su contenido. Quiero recalcar que el libro que tienes en tus manos, no es para explicarte la Biblia. Es un libro que intenta motivarte a leerla por ti mismo para sacarle el máximo provecho.

Por último, una de las cosas que más me gustan de la Biblia, es que siempre tiene esperanza para los casos más difíciles de solucionar; siempre tiene una palabra que nos fortalece o nos orienta cuando más lo necesitamos.

Recuerda: la Biblia es un libro lleno de dirección práctica para nuestras vidas; es un manual de vida, es el instructivo que todos debemos leer. Es el libro que te hace entender el porqué de tus problemas, pero es también el libro que te da soluciones reales. Es un libro con poder, es un libro lleno de vida, que lo único que está esperando es que lo saques del librero y lo abras, cuando lo hagas…te darás cuenta de lo que te digo. Y nunca más la dejarás de adorno.

Datos importantes de la Biblia

La idea no es presentar una serie de datos que nos lleven rápidamente al aburrimiento, pero me gustaría mencionarte algunas cosas que vale la pena conocer. Por ejemplo:

- **La Biblia es el libro más vendido** en toda la historia del hombre. No hay otro libro que se le pueda comparar en ese sentido. Tan solo la Sociedad Bíblica Británica, publica una Biblia cada tres segundos. Esto quiere decir que son 28,800 Biblias ¡diariamente! A estas cantidades habría que agregarles las que edita La Sociedad Bíblica Internacional, La Sociedad Americana de la Biblia, La sociedad Bíblica de México, y la de muchas casas editoriales que publican Biblias. Desde su nacimiento, este **libro de libros** tiene las más grandes cantidades de circulación hasta la fecha.
- **Es libro que se ha traducido a más idiomas.** De la misma manera la Biblia es el libro que más traducciones ha tenido a lo largo de toda la historia. Se ha traducido más de mil veces.

- **La diferencia entre autores.** Cabe resaltar las curiosas y diversas variantes que hubo entre los autores de cada libro, y cómo se conserva el mismo mensaje de la Biblia a través de cada uno de ellos. La mayoría de los autores no se conocieron entre sí. La Biblia se escribió en un periodo de mil seiscientos años. Y fue escrita por más de cuarenta autores de diferente posición social y de diferente oficio, de diferente personalidad. Entre estos autores hubo príncipes, sacerdotes, porteros, jueces, pastores, músicos, poetas, maestros, burócratas, reyes, pescadores; y a pesar de tales diferencias entre ellos, se conserva el mismo mensaje. Es por eso que cuando alguien te diga que la Biblia se contradice, sólo pregúntale si la ha leído toda. Se ha dicho que la Biblia tiene más de dos mil errores, pero cuando se estudian esos "errores" lo que causan son risa. Por ejemplo: si hay una variante entre un manuscrito a las traducciones, y esa variante se repite novecientas veces, lo cuentan como novecientos errores. En otras palabras, si el manuscrito dice "remisión de pecados" y en las traducciones dice "perdón de pecados", y esa variante se repite setenta veces, lo cuentan como setenta errores. Sinceramente no podemos contar como errores de fundamento.

- **El conocimiento de la Biblia.** La Biblia está llena de datos científicos comprobables que en su momento han sido criticados. Por ejemplo: la ciudad de Ur de los caldeos. Los escépticos decían que esa ciudad ni siquiera existió, pero hace apenas unas décadas se ha descubierto la ciudad de Ur. Otro dato interesante es leer en un pasaje de la Biblia (**Isaías 40:22**) que dice: *"Él está sentado sobre el círculo de la tierra"*. Antes de que Colón descubriera que la tierra es redonda ¡Ya estaba escrito en la Biblia! Me pregunto qué dirán ahora los científicos cuando leen en la Biblia que Dios despliega el universo como cortinas.
- **La sobrevivencia de la Biblia.** Ha sido el libro más perseguido de todos los tiempos, pero ha permanecido hasta nuestros días intacta. En el año de 303 D.C., el emperador romano Diocleciano mandó a quemar todas las Biblias. Décadas más tarde, Constantino mando a buscar Biblias y en sólo veinticinco horas encontraron 50. Se sabe que Voltaire dijo que la Biblia desaparecería cincuenta años después a partir de ese momento, pero él murió y muy pocos tienen los libros escritos por

él, pero la Biblia sigue intacta. Curiosamente La Sociedad Bíblica de Ginebra, después de la muerte de Voltaire, usó su casa y su imprenta para editar Biblias.

- **El poder de la Biblia.** No alcanzarían los libros, para publicar todos los testimonios y anécdotas de millones de personas que han sido beneficiados por la Biblia y su contenido. Gente que ha abandonado vicios que estaban destruyendo a su familia y a ellos mismos. Gente que estaba desahuciada por enfermedades terminales y sanaron; gente con problemas financieros y lograron salir de ellos; gente que ha podido eliminar el stress con una paz indescriptible; y muchísima gente que ha encontrado dirección concreta para llevar su vida con éxito. Pero sobre todo el poder que tiene la Biblia para que podamos conocer los pensamientos de Dios hacia nosotros.

Datos Curiosos de la Biblia

- Los dos versículos más cortos de la Biblia se encuentran en: **Éxodo 20:13** *"No Matarás"* (compuesta por 9 letras); y **Juan 11:35** *"Jesús lloró"* (compuesta por 10 letras).
- El Salmo 118, es el capítulo central de la Biblia.

- El Salmo 117, es el capítulo más corto que tiene la Biblia.
- El Salmo 119, es el capítulo más largo que tiene la Biblia.
- La Biblia contiene 3'566,480 Letras; 773,693 Palabras; y 31,102 versículos.

Variación de manuscritos como resultado del copiado:

a. En el Antiguo Testamento: 95% de los textos son idénticos. Únicamente tiene variaciones menores y unas pocas diferencias entre los Rollos del Mar Muerto (fechados en el siglo I), y el texto Masorético (fechado alrededor de 800 d. C.).

b. En el Nuevo Testamento: Los manuscritos concuerdan en un 99.5% del texto (comparado con sólo un 95% para La Ilíada). Cabe mencionar que los padres primitivos de la iglesia, citaron extensamente el Nuevo Testamento.

Períodos y traducciones de la Biblia

- En 1500 d. C., la Biblia había sido impresa en 14 idiomas
- En 1600 d. C., en unos 40 idiomas
- En 1800 d. C., en unos 72 idiomas

- En 1900 d. C., en unos 567 idiomas
- En 1937 d. C., en unos 1000 idiomas
- En 1970 d. C., en unos 1500 idiomas
- De 1997 hasta hoy, ha sido traducida al menos parcialmente, a más de 2,100 idiomas.
- Se dice que actualmente se está trabajando en la traducción de mil idiomas más.

Algunos hombres famosos que leían la Biblia

Esta es una pequeña lista de personajes que han leído la Biblia:

- Horacio Greeley. Periodista y Político del siglo XIX
- Tomás Huxley. Biólogo inglés del siglo XIX
- Clemente de Alejandría. Famoso Teólogo del siglo II
- Agustín. Obispo del siglo IV.
- Martín Lutero. En el siglo XVI
- Abraham Lincoln. Presidente norteamericano del siglo XIX
- Tomás Carlyle. Historiador escocés del siglo XIX
- Guillermo Gladstone. Primer ministro británico del siglo XIX

- Patrick Henry. Político Norteamericano siglo XVIII
- Napoleón Bonaparte. Emperador francés del siglo XIX
- Isaac Newton. Físico inglés del siglo XVIII
- George Washington. Presidente norteamericano del siglo XVIII
- Alejandro Hamilton. Estadista norteamericano del siglo XVIII
- Mahatma Gandhi. Gobernante Hindú del siglo XX
- John F. Kennedy. Presidente norteamericano del siglo XX

La lista sería interminable, pero nos da una idea de lo mucho que ha influido la Biblia en los hombres y mujeres importantes de nuestra historia. Cabe mencionar a un abogado inglés de nombre Frank Morrison, el cual se propuso desmentir la resurrección de Cristo, ya que pensaba que si lograba respaldar su dicho, evidenciaría a la Biblia y esta perdería su credibilidad, con lo cual pasaría al olvido. Después de hacer un estudio minucioso de la evidencia histórica al respecto, y aplicando todos sus conocimientos, llegó a la conclusión de la veracidad de la resurrección y a partir de allí se hizo un lector asiduo de la Biblia.

Qué versión usar

Hay gente que cree en la existencia de muchas Biblias diferentes. La verdad es que hay diferentes traducciones, pero TODAS en su fundamento dicen lo mismo. Si usted tiene una Biblia en casa, con esa puede empezar. Si nos pusiéramos a comparar, nos daríamos cuenta de que las variantes no cambian el significado básico de la Biblia. Actualmente hay versiones con lenguaje cotidiano y actual. A mí en lo personal, me gusta estudiar la traducción de Reina-Valera revisión 1960; ya me acostumbré al leer esa traducción con el lenguaje de "Vosotros", "pensáis", y cosas por el estilo. A mí me ha servido; sin embargo, en casa tengo varias traducciones de la Biblia.

Una Biblia que puede usted adquirir fácilmente, se llama Nueva Biblia Internacional. Esta cuenta con un lenguaje muy claro y actualizado. También existe una excelente revisión de la Reina-Valera revisión 1995. No quiero dejar de mencionar la Biblia de las Américas, la cual ha cautivado a mucha gente por su lenguaje claro y sencillo. Otra muy buena es la Nueva

Traducción Viviente y también acaba de salir a la venta la Reina Valera Actualizada.

La única observación es que evite en la medida de lo posible leer Biblias parafraseadas. Las cuales, sin duda son de gran ayuda; sin embargo, creo que no hay nada mejor que leer "directamente" la Biblia.

Cuando uso el término "parafrasear", me refiero a Biblias que no solamente hacen sencillo el lenguaje sino, que intentan "explicar" el contenido de la Biblia. Estas explicaciones siempre estarán expuestas al sentido del intérprete. Para mi gusto personal y por las razones expuestas en un capítulo posterior, es mejor leer la Biblia sin parafrasear; sin embargo, creo que vale la pena tener por lo menos una Biblia parafraseada para revisar su contenido.

Quiero insistir en decirte que si en tu casa tienes una Biblia, la que sea, esa es suficiente para empezar. Cuando empiezas a ser un usuario constante de la Biblia es cuando la misma necesidad te llevará a conseguir buenas traducciones.

Breve Reseña de la conformación de la Biblia

No tengo la más mínima intención de aburrirte, dándote datos extensos acerca de cómo está conformada la Biblia. Realmente quiero presentártela como un instrumento práctico para la vida; sin embargo, es necesario conocer ciertas cosas básicas de la Biblia. La Biblia se ha dividido en dos partes principales: una es el Antiguo Testamento; y la otra es el Nuevo Testamento. Algunos (como yo) preferimos llamarles "pactos".

El Antiguo Testamento está formado por 39 libros, y el Nuevo por 27; en total son 66 libros. Hay una pequeña diferencia con las Biblias Católicas, éstas tienen 6 libros más que son extra-canónicos, es decir, fuera del canon. La cantidad de libros que contiene la Biblia a que haremos referencia durante todo este libro, son los que el pueblo Judío aceptaba como auténticos libros de inspiración divina. Para el propósito de este libro te sirven tanto las traducciones católicas como las otras; sea la Biblia tengas, te sirve para empezar a conocerla. Como ya mencionamos la Biblia se conforma de dos partes: el Antiguo y el Nuevo Testamento. Cabe mencionar que existen divergencias de pensamiento en cuanto al nombre de estas dos partes. No vale la pena discutir puntos que muchas veces distraen del verdadero propósito de conocer la Biblia. Si tú como lector decides adentrarte más profundamente en el conocimiento bíblico, vas a llegar a conocer diferentes puntos de vista de la conformación de la Biblia. Este pequeño libro es una introducción al estudio de la Biblia, por lo tanto lo que verdaderamente me interesa, es que tú como lector te inicies en el hermoso camino de leer y conocer las Escrituras. A mí en lo personal me gusta llamarle Antiguo Pacto y Nuevo Pacto.

Pero para nuestro objetivo la Biblia se divide en dos partes; en el Antiguo Pacto y en el Nuevo Pacto. El Antiguo está formado por 39 libros y el nuevo por 27. y se editan de la siguiente manera:

Cómo se clasifican los libros de la Biblia

Antiguo Pacto:

Esta sección de las escrituras se divide en cinco partes principales:

1. **Libros de la Ley**
2. **Libros históricos**
3. **Libros poéticos**
4. **Libros de los profetas mayores**
5. **Libros de los profetas menores**

Los libros de la Ley son:

- Génesis
- Éxodo
- Levítico
- Números
- Deuteronomio

Los libros Históricos:

- Josué
- Jueces
- Rut
- 1 Samuel
- 2 Samuel
- 1 Reyes
- 2 Reyes
- 1 Crónicas
- 2 Crónicas
- Esdras
- Nehemías
- Ester

Los libros Poéticos

- Job
- Salmos
- Proverbios
- Eclesiastés
- Cantar de los Cantares

Los libros de los Profetas Mayores

- Isaías
- Jeremías
- Lamentaciones
- Ezequiel
- Daniel

Los libros de los Profetas Menores:

- Oseas
- Joel
- Amós
- Abdías
- Jonás
- Miqueas
- Nahum
- Habacuc
- Sofonías
- Hageo
- Zacarías
- Malaquías

Por lo que respecta al Nuevo Pacto, podemos hacer una división también en cinco partes principales:

1. **Los evangelios**
2. **El libro histórico**
3. **Las epístolas Paulinas**
4. **Las epístolas generales**
5. **El libro profético**

Los evangelios

- Mateo
- Marcos
- Lucas
- Juan

El libro Histórico

- Hechos de los Apóstoles

Epístolas Paulinas. (llamadas así porque las escribió el Apóstol Pablo)

- Romanos
- 1 Corintios
- 2 Corintios
- Gálatas
- Efesios
- Filipenses
- Colosenses
- 1 Tesalonicenses
- 2 Tesalonicenses
- 1 Timoteo
- 2 Timoteo
- Tito
- Filemón

Epístolas Generales. (Escritas por otros Apóstoles)

- Hebreos
- Santiago
- 1 Pedro
- 2 Pedro
- 1 Juan
- 2 Juan
- 3 Juan
- Judas

El libro profético

- Apocalipsis

Si apenas estás familiarizándote con la Biblia, resulta muy útil hacer un cuadro mental de esta lista, para que cuando busques un libro puedas hacer una ubicación aproximada del libro buscado y puedas encontrarlo más fácilmente.

Se recomienda mucho usar imaginariamente "La mano" para cada Pacto. Como ya te diste cuenta cada uno de ellos está dividido en cinco partes por lo que cada uno de nuestros dedos puede representar cada división Ver figura (Fig.1)

(Fig.1)

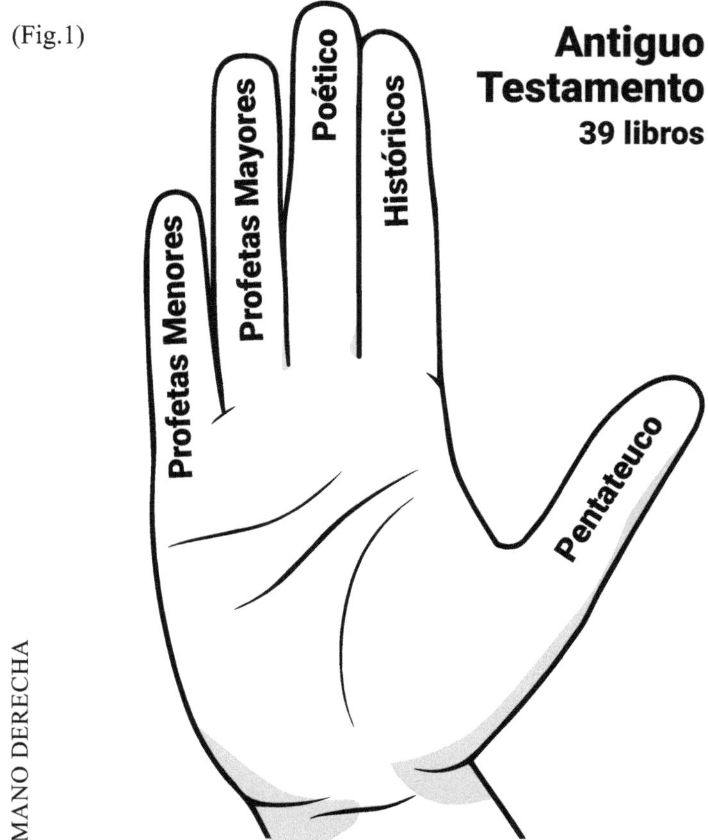

Pentateuco
Génesis
Éxodo
Levítico
Números
Deuteronomio

Históricos
Josué
Jueces
Rut
1 Samuel
2 Samuel
1 Reyes
2 Reyes
1 Crónicas
2 Crónicas
Esdras
Nehemías
Ester

Poéticos
Job
Salmos
Proverbios
Eclesiastés

Profetas mayores
Isaías
Jeremías
Lamentaciones
Ezequiel
Daniel

Profetas menores
Oseas
Joel
Amós
Abdías
Jonás
Miqueas
Nahum
Habacuc
Sofonías
Hageo
Zacarías
Malaquías

Nuevo Testamento
27 libros

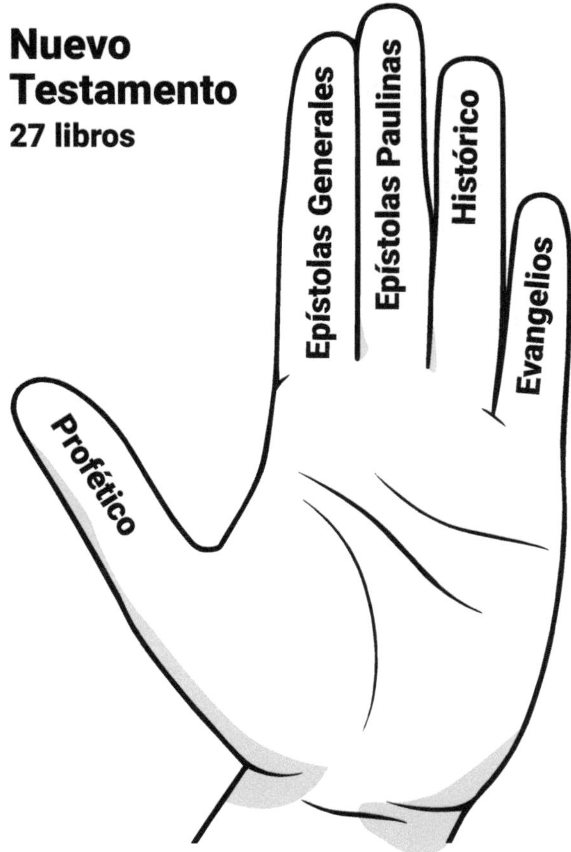

MANO IZQUIERDA

Los evangelios
Mateo
Marcos
Lucas
Juan

Histórico
Hechos de los Apóstoles

Epístolas Paulinas
(Por el apóstol Pablo)
Romanos
1 Corintios
2 Corintios
Gálatas
Efesios
Filipenses
Colosenses
1 Tesalonicenses
2 Tesalonicenses
1 Timoteo
Tito

Epístolas Generales
(Por otros apóstoles)
Hebreos
Santiago
1 Pedro
2 Pedro
1 Juan
2 Juan
3 Juan
Judas

El libro profético
Apocalipsis

Es muy recomendable también familiarizarse con las abreviaturas correspondientes a cada libro, ya que en una gran cantidad de libros las usan éstas para referirse a pasajes bíblicos específicos. Las más comúnmente usadas para cada libro son las siguientes:

Antiguo Pacto:

Libro	Abreviatura
Génesis	Gn
Éxodo	Ex
Levítico	Lv
Números	Nm
Deuteronomio	Dt
Josué	Jos
Jueces	Jue
Rut	Rt
1 Samuel	1 S
2 Samuel	2 S
1 Reyes	1 R
2 Reyes	2 R
1 Crónicas	1 Cr
2 Crónicas	2 Cr
Esdras	Esd
Nehemías	Neh
Ester	Est
Job	Job
Salmos	Sal
Proverbios	Pr
Eclesiastés	Ec
Cantares	Cnt
Isaías	Is
Jeremías	Jer
Lamentaciones	Lm
Ezequiel	Ez
Daniel	Dn
Oseas	Os
Joel	Jl

Amós	Am
Abdías	Abd
Jonás	Jon
Miqueas	Miq
Nahum	Nah
Habacuc	Hab
Sofonías	Sof
Hageo	Hag
Zacarías	Zac
Malaquías	Mal

Nuevo Pacto

Libro	**Abreviatura**
Mateo	Mt
Marcos	Mr
Lucas	Lc
Juan	Jn
Hechos	Hch
Romanos	Ro
1 Corintios	1 Co
2 Corintios	2 Co
Gálatas	Gl
Efesios	Ef
Filipenses	Fil
Colosenses	Col
1 Tesalonicenses	1 Ts
2 Tesalonicenses	2 Ts
1 Timoteo	1 Ti
2 Timoteo	2 Ti
Tito	Tit
Filemón	Flm
Hebreos	Heb
Santiago	Stg
1 Pedro	1 P
2 Pedro	2 P
1 Juan	1 Jn
2 Juan	2 Jn
3 Juan	3 Jn
Judas	Jud
Apocalipsis	Ap

Problemas Comunes Del Hombre

Dolor Físico

Yo recuerdo que desde muy pequeño oía la frase: "Que Dios nos de salud..." o bien: "La salud es lo más importante"; creo que con el pasar de los años esas frases han tomado mucha relevancia en mi vida. Me doy cuenta que sin salud es imposible llevar una vida plena. La salud física es el deseo de todo hombre y toda mujer. Por eso cuando enfermamos hasta el semblante del rostro nos cambia y por supuesto el estado de ánimo.

De una manera u otra, todos hemos pasado por alguna enfermedad. Pero no quiero ahondar mucho en las enfermedades de todos los días, como la gripa, el resfriado, el malestar estomacal; porque creo que esas enfermedades que aunque son muy frecuentes, no alteran nuestra vida dramáticamente. Hay otras que si lo hacen, y son las clásicas en las que nos preguntamos ¿Por qué yo?. De esas enfermedades quiero hablar.

Casi todas las enfermedades tienen algo en común: El dolor. Yo sé que hay enfermedades en las que el dolor no es una característica de las mismas, pero el sufrimiento interno, en el alma, de saber que estamos enfermos, es tan tangible como el dolor físico. Es un dolor que nos recuerda cada día que estamos enfermos.

Hay gente que lleva años con el mismo dolor. Puede ser de espalda, de articulaciones, de cabeza, de estómago, de cuello, del alma. Es muy triste ver que toda su vida se ajusta a ese dolor. Si les duele la espalda, no pueden usar ciertos medios de transporte; si les duele la cabeza, no pueden comer ciertos alimentos, y así en casi todos los dolores. El dolor tiene la capacidad de alterar el orden de la vida de uno. Tiene la capacidad de atormentarnos de tal manera que las demás cosas de la vida no parezcan importantes y desafortunadamente también, el dolor tiene el enorme poder de aumentar la soledad. Cuando el dolor aparece las primeras veces, todo mundo que nos rodea nos atiende y nos comprende, pero conforme pasan los días y los años, la situación se torna muy difícil inclusive en nuestra propia familia. Y es en esa soledad cuando buscamos medios donde podamos gritar y decir "¡ya no aguanto más!". Es allí, en esos momentos, cuando necesitamos el poderoso mensaje de las Escrituras.

El trauma se hace más pesado cuando se han visitado a muchos doctores y no encuentran la causa. Entonces al dolor hay que agregarle los destrozos que hace la incertidumbre.

Si estás leyendo este libro y tienes un dolor físico, estás leyendo el libro correcto. Hay esperanza. Lee el siguiente pasaje con mucho cuidado; si puedes léelo varias veces.

> *"Cuando volvió Jesús, le recibió la multitud con gozo; porque todos le esperaban. Entonces vino un varón llamado Jairo, que era principal de la sinagoga, y postrándose a los pies de Jesús, le*

rogaba que entrase en su casa; porque tenía una hija única, como de doce años, que se estaba muriendo. Y mientras iba, la multitud le oprimía. Pero una mujer que padecía de flujo de sangre desde hacía doce años, y que había gastado en médicos todo cuanto tenía, y por ninguno había podido ser curada. Se le acercó por detrás y tocó el borde de su manto; y al instante se detuvo el flujo de su sangre." **Lucas 8:40-43**

¡Doce años enferma! ¡Doce años visitando médicos! ¡Doce años gastando su dinero en medicinas! Y en un instante queda sana. Hay esperanza.

Dolor del alma

Tan palpable es el dolor físico como el dolor del alma. A veces es más dolorosa la herida del alma, y muchas veces es la causa de que aparezcan dolores físicos como consecuencia de tener un dolor en el alma. Al ser el alma el lugar donde se guardan nuestros sentimientos, juega un papel muy importante en nuestras relaciones personales. Desde las familiares hasta las más superficiales.

Hay dolores que venimos arrastrando desde niños por causa de los padres: algún regaño erróneo, algún golpe, alguna palabra hiriente; y me quedo corto al no mencionar muchas situaciones dolorosas en las que se queda grabado en nuestro interior ese dolor. Estos dolores son todavía más difíciles de sanar ya que no hay ni siquiera medicina para esto. Los psicólogos hacen su mayor esfuerzo y muchas veces logran grandes resultados, pero muchas veces no encuentran una solución. Ahora han descubierto infinidad de causas a las heridas del alma. Dicen que inclusive los niños pueden ser afectados emocionalmente por lo que ven en la tele o el cine. Alguna escena puede alterarlos de por vida. Si eso puede hacer una imagen de la tele, imagina cuánto no puede hacer aquellas cosas que ni siquiera nos atrevemos a mencionar. Tal vez algo que alguien nos hizo cuando éramos niños. Supe de una jovencita que se quedó ciega sin razón aparente a los 18 años. Los médicos no encontraron alguna causa clínica que justificara la ceguera de la joven. Afortunadamente alguien le comentó una verdad contenida en la Biblia, la puso en práctica de inmediato y quedó sana instantáneamente. Hay esperanza.

Dolor en el corazón

Me gusta separar el alma del espíritu, y me gusta llamarle al espíritu: "corazón". Puedo explicarme muchas cosas y una de ellas es ese dolor que rebasa los límites del cuerpo y del alma. Son dolores intensos, constantes y abrumadores, médicamente le llamarían dolores de muerte. Hay muchas causas pero la que más deja huella es la condenación. Acusarnos a nosotros mismos de algo que hicimos, provoca un daño muy serio en lo más profundo de nuestra vida. Sentirnos responsables de sucesos tristes en nuestra vida, provoca que hasta el más fuerte quede frágil y vulnerable. Estas condenaciones nos marcan para toda la vida. Y con el paso de los años tenemos que acostumbrarnos a vivir con ese dolor profundo. A nuestro parecer no hay alternativa. Me impacta el pasaje de la mujer que al ser encontrada en adulterio iba a ser apedrearla, por lo que se la llevan a Jesús y es cuando Él dice esa famosa frase de que "el que estuviere sin culpa tirara la primera piedra". Uno a uno fueron soltando la piedra y alejándose del lugar. Cuando leí este pasaje por primera vez mi atención se centró en la muchacha "pecadora" que recibía el perdón de Jesús, pero ahora que lo he leído en diversas ocasiones, me he detenido en pensar en todos los que tenían una piedra en la mano y cuya propia condenación los hizo retroceder. Tenían enfrente al único que podía perdonarles su pecado y prefirieron irse. La condenación te moldea. No es como el dolor físico en el que tu moldeas las cosas para girar alrededor de tu dolor. NO, en este caso el dolor del corazón te moldea a ti. Moldea tus sentimientos, moldea tu carácter, moldea tu vida. Es mucho más fuerte que tú. Este tipo de dolor te somete. Y no sabes cómo disfruto escribir que hay esperanza; que la Biblia tiene un enorme poder para sanar estas heridas.

El dolor más fuerte

Este tipo de dolor es algo que no está en los archivos médicos. Ni siquiera lo toman como dolor, pero es real y existe. Es un dolor que no lo puede detectar ningún aparato médico, pero el afectado lo siente y lo sufre. Tal vez de los tres dolores que mencioné, ninguno se asemeje a tu dolor; pero de que sabes, sabes. Identificas que hay algo interno que está mal. Aparentemente tienes el control de todo, pero la verdad tu vida está en un hilo. ¿No has sabido a través de las noticias, de los casos de hombres y/o mujeres que aparentemente estaban bien y de repente se suicidan? Es por esta clase de dolor; a veces imperceptible hasta para los que lo sufren. Por eso quiero mencionarlo aquí. Es un dolor acumulativo; es un dolor que no duele al principio, ni siquiera lo percibimos. Es el dolor que causa hacer las cosas mal. No me refiero a nuestras fallas. Me refiero a cuando *voluntariamente* hacemos el mal. Cuando premeditadamente o por hábito hacemos el mal. Y aquí se disparan los rangos y las proporciones para medir el mal, porque no tenemos parámetros que nos delimiten en nuestro concepto de "muy malo" o "poco malo". Pero quiero poner un ejemplo: el joven de la carnicería que altera su báscula para entregar menos de lo que la gente le paga; o el hombre de negocios que está acostumbrado a usar sobornos para conseguir contratos; y así, muchas otras cosas que hacemos deliberadamente. Este tipo de dolor provoca también una cicatrización muy rara, desconocida por la mayoría de los hombres. Es una cicatrización superficial que *no sana la herida*, sólo la esconde. Es una costra que se hace callo por encima de la herida sin sanarla. Esta costra hace que los sentimientos y emociones se anestesien y hacen insensible el corazón de las personas. Lo malo de este dolor es que estalla de repente cuando menos se imaginan. Y no saben ni de qué se trata. Pero quiero decirte que para este dolor también hay esperanza. La

Biblia tiene parámetros muy claros y prácticos para orientar sobre lo que es bueno y lo que es malo. Lo que te dije al principio aquí lo quiero recalcar: *La Biblia no es un libro místico ni misterioso; es un libro con verdades que se pueden llevar a la práctica. Es el instructivo para vivir nuestras vidas plenamente.* No necesitamos estar enfermos para buscar ayuda en la Biblia. Tiene un contenido altamente valioso para nuestras vidas.

El principal problema Dios/Hombre

Tengo muchos años estudiando la Biblia. No soy un erudito en el tema, pero conozco lo suficiente como para convencerme más de la inspiración divina que tiene. A través de todos esos años, he visto cómo Su contenido altera el curso da las vidas que la leen. El hombre anda buscando soluciones por los lugares más raros y extraños. Anda buscando ese eslabón perdido que lo haga entender sus raíces. Y precisamente yo veo a la Biblia como ese eslabón perdido, porque cuando nos damos cuenta de todo lo que contiene, entendemos nuestras verdaderas raíces. Mi papá tiene un dicho que usa frecuentemente “buscas el amor teniéndolo tan cerca"; así nos pasa con la Biblia. Buscamos la solución a nuestros problemas en tantos lugares -¡y muchos de ellos equivocados!-, y tenemos tan cerca una Biblia. Déjame decirte que una vez que descubras ese tesoro ya nunca querrás perderlo ni dejarlo a un lado.

Muchos de nosotros tenemos la idea de que la Biblia habla de Dios y eso es muy cierto; pero en toda la *Biblia no hay un solo pasaje en el que no se hable del hombre.* Y eso es fundamental. La Biblia fue escrita para el hombre. En toda la Biblia se ve una relación directa de Dios con el hombre, desde Génesis hasta el Apocalipsis. Y lo que es mejor, en todo Su contenido lleva miles de consejos para el hombre y la mujer. El problema es que muchos de nosotros hemos comprado una Biblia sólo para tenerla de adorno en el librero de la sala, sin darnos cuenta que en ese libro se encuentran los más valiosos consejos para nosotros.

La tecnología puede aumentar; las costumbres pueden tener variaciones; el lenguaje del hombre puede alterarse; pero la condición del corazón del hombre es siempre la misma. Cuando el hombre descubrió el fuego, tenía la misma condición en su corazón que cuando inventó la computadora. Cambian las circunstancias pero el corazón del hombre siempre tiene las mismas necesidades. Por eso la Biblia siempre es actual, siempre está a la vanguardia, siempre tiene un consejo listo para nosotros, tan moderno como el más nuevo de los adelantos.

El verdadero problema es que no hemos podido conectarnos con Dios a través de Su palabra. El hombre está caminando sin tomar en cuenta el consejo de su creador. Camina sin tener la luz que lo oriente por los caminos estrechos de la vida. Vive sus dolores sin saber cómo remediarlos o por lo menos cómo aminorarlos. Vive la vida sin propósito. Ese es el verdadero problema.

Solucionar este problema es tan fácil que muchos cuando saben lo fácil que es no lo creen. Piensan que para poder conectarse con Dios necesitan pagar un precio muy alto; sin embargo, para entablar ese contacto con Dios no se necesita otra cosa que decidirse. Dios siempre está dispuesto para entablar esa comunicación con todo aquel que le "haga la plática". Y vamos a aclarar algo: casi todo el mundo habla con Dios. De mil formas y maneras, pero lo que hacen; sin embargo, son monólogos, palabras del hombre para Dios, pero muy pocas veces podemos escuchar lo que Dios dice.

La Biblia está llena de cosas que Dios nos quiere decir de manera personal. La Biblia no está escrita para todo el mundo, está escrita para ti. Cuando la empieces a leer te darás cuenta de lo que te digo.

Por esta razón defiendo mucho que este libro **no** se trata de *una interpretación de la Biblia,* ¡NO!. Lo que quiero es motivarte y enseñarte los principios básicos para que leas la Biblia por ti mismo o misma. Una vez que descubres el enorme potencial de la Biblia, nunca más vuelves a dejarla de adorno, siempre quieres traerla contigo a donde quiera que vas. La Biblia es fascinante.

Este no es un estudio bíblico para que empieces una nueva secta. Es cierto que muchos han tergiversado partes de la Biblia para empezar sus propias sectas con motivaciones totalmente equivocadas, lo que escribo es para que puedas acceder al mejor de los conocimientos en pro de tu vida diaria. Es mostrarte que el libro que seguramente tienes en el librero posee verdades que pueden resolver ese conflicto que tienes atravesado. Porque la Biblia es así de práctica, es fácil de entender y fácil de sacarle provecho.

Resumiendo, el problema principal del hombre y la mujer es su falta de sintonía con Dios. La solución empieza por conocer lo que Dios quiere decirnos, y lo vamos a saber leyendo Su Palabra. La Biblia es punto de encuentro entre el cielo y la tierra. Es la puerta de cielo que nos abre el corazón de Dios. Y Dios quiere que te conectes con Él.

Solu-
ciones

Definición de terapia

Antes que nada hagamos una definición de terapia, y digo "hagamos" porque en estos últimos tiempos se ha popularizado tanto esta palabra que nos encontramos ahora con un sin fin de "terapias".

La definición básica de diccionario es: "Parte de la medicina que se ocupa del tratamiento de las enfermedades". Otra definición es: "Tratamiento de algunas enfermedades en las que se intenta la readaptación del paciente a la vida diaria". De aquí han surgido varias connotaciones de esta palabra. La más común; los sistemas o dinámicas que producen mejoría en los pacientes. Estas terapias se han hecho famosas principalmente porque prometen reducir el estrés; en otras palabras, no otorgan soluciones reales al problema, sino que sólo atacan los efectos producidos por los problemas. Lo que me gusta de la Biblia es que se enfoca en la raíz de los problemas y por lógica se **acaban** muchos de los efectos. Cuando alguien se rompe un brazo y es enyesado por dos o tres meses, el brazo sufre de inmovilidad por lo que una vez quitado el yeso, no se puede mover ese brazo, entonces entra a una terapia para poder recuperar el movimiento del brazo. Los primeros pasos de la terapia son muy dolorosos, y van disminuyendo hasta que el brazo recupera su total movilidad. Igual pasa con la Biblia: al tener años con un problema no atacado de fondo, estamos necesitados de terapia a fondo y a veces es doloroso, pero quiero decirte que es el clásico dolor de las inyecciones, duelen, pero sabemos que es el principio de nuestra recuperación. Esto es lo que me gusta de las terapias de la Biblia: van al fondo verdadero de las cosas en nuestra vida, y por lo tanto recibimos resultados duraderos. No te quiero asustar que usar la Biblia como terapia duele, no; quiero convencerte que la mejor alternativa para muchos de los problemas de nuestra vida es solucionarlos de fondo.

Por lo tanto la definición con la que me quedo es la siguiente: *Bibliaterapia es el tratamiento por medio de las Escrituras, que soluciona aquellos problemas que han afectado nuestra vida y que nos sirve para recuperar nuestra salud integral.*

La lectura y estudio de la Biblia como terapia no sustituye en lo absoluto a la consulta médica, ni sustituye a las medicinas, ni sustituye a los psicólogos. No por leer la Biblia vas a dejar de consultar al doctor o al especialista, o al psicólogo. Ciertamente al leer la Biblia te darás cuenta de muchas cosas en tu vida que tienes que arreglar, y que al poner en práctica los principios bíblicos encontrarás solución para tus problemas.

Cómo funciona

La Bibliaterapia es conocer la Biblia para ponerla en práctica. La verdadera terapia es poner en práctica los principios bíblicos. La Bibliaterapia no es leer la Biblia bajo un ambiente místico, ni tampoco es sólo una actividad que por el sólo hecho de leerla se presentarán los resultados. Leer la Biblia ***no es magia,*** no se van a resolver todos los problemas de la vida sólo por leer la Biblia. Esto te debe quedar claro: leer la Biblia realmente sí quita el estrés, quita el miedo, quita el ansia, quita la preocupación y muchas cosas más, pero todas esas alteraciones son el resultado de problemas más profundos. El miedo, el ansia, la preocupación, y el estrés, son sólo la manifestación externa de problemas bien arraigados en nuestro ser, por lo que no debes quedarte sólo en leer la Biblia. Ciertamente al leerla se irá el miedo o el ansia, pero si pones en práctica los principios bíblicos lo que causa ese miedo o el ansia desaparecerá. Por eso es muy importante lo que comenté al principio del libro: ***La Biblia no es un libro místico lleno de "profundidades incomprensibles", es un libro de consejos prácticos para la vida.*** Es el instructivo que Dios nos dejó para que podamos llevar una vida exitosa. Ese es el punto medular de todo. Muchas de las cosas que nos han salido mal en la vida, sea del problema que sea, han sido causadas por hacer las cosas sin la dirección correcta del instructivo, por hacer las cosas a nuestra manera. Es exactamente igual que cuando compramos un sofisticado equipo de sonido y queremos instalarlo sin leer las instrucciones. Por eso es muy importante conocer el "instructivo", familiarizarnos con él, quitarle "el polvo" y empezar a leerla, conocerla y poco a poco ponerla en práctica. Las primeras veces que tomamos una Biblia en nuestras manos, la vemos como un libro muy complicado, lleno de números y divisiones de libros. Cuando la empezamos a leer notamos, inclusive, un lenguaje un poco "extraño". No te preocupes, lo vemos un poco raro porque no estamos *familiarizados* con ella. Te animo a que empieces a leerla sin fijarte mucho en esos detalles, y verás que pronto tu atención estará fija en aquellos principios *importantes* que han cambiado muchas vidas y que por supuesto pueden cambiar la tuya. Más adelante explicaré con más detalle cómo encontrar principios prácticos en la Biblia, pero por el momento quiero animarte a que sigas adelante con la lectura de Biblia. La mejor manera de empezar es empezar. Sólo recuerda que el objetivo principal de la Bibliaterapia es atacar el problema de fondo. Si quieres que desaparezca aquello que te atormenta desde hace varios años, no dudes en aplicar Bibliaterapia. Quiero agregar dos puntos más; el primero: no es mi objetivo que te conviertas en un erudito de la Biblia, ni que seas toda una eminencia, y que tu mente esté llena de puro conocimiento bíblico, ni que te sepas todos los nombres y fechas de la Biblia, no; lo que quiero es invitarte a que aprendas a reconocer y aplicar los principios contenidos en la Biblia. Eso sí me daría mucho gusto, que te convirtieras en un erudito para poner en práctica la Biblia. El segundo: cuando digo poner en práctica la Biblia no estoy diciendo que vas a ponerte una túnica, ni que vas dejar de comer cerdo, ni cosas por el estilo. No estoy hablando de que te vas a esclavizar siguiendo toda una ruta de preceptos y leyes. Lo que estoy diciendo es que vas poder encontrar *principios universales* para vivir esta vida cumpliendo el propósito por el que estás aquí. Estos principios lejos de esclavizarte; ¡te harán libre!. Y eso lo vas a descubrir en carne propia.

Verdades Vs. Mentiras

El principal fundamento de la Biblia es la verdad. Cuando encontramos una verdad en la Biblia, lo primero que hacemos es confrontarla con aquello que nos ha afectado por muchos años. Generalmente son mentiras tan bien elaboradas que parecen verdades. Cuando uno lee la Biblia surge una lucha genuina entre la verdad y la mentira. Te voy a poner un ejemplo: hay muchas personas que desde niños aprendieron a vengarse. Si esta persona después de 35 o 40 años de ejercitar la venganza lee la Biblia, y encuentra pasajes concretos que enseñan a erradicar la venganza, le produce conflicto. Es un conflicto entre lo que ha creído desde pequeño, contra la verdad que está aprendiendo de adulto. Y no va a ser fácil para él dejar la venganza a un lado, y menos cuando ésta es un hábito y un estilo de vida. La verdad contra la mentira.

Lo primero que sucede cuando empezamos a leer la Biblia, es que nuestro radar interno empieza a funcionar. Es un radar que después de estar mucho tiempo inactivo, debe empezar por reconocer lo verdadero, lo que está fundamentado en la verdad; y la mejor manera de hacerlo es estar en contacto continuo con la verdad misma. Se dice que los cajeros del banco están tan habituados a manejar el dinero real y verdadero, que cuando llega un billete falso lo reconocen al instante. No toman cursos de doce meses para ser expertos en identificación de dinero falso; tal vez les den algunas directrices, pero su verdadera habilidad para diferenciar entre lo falso y lo verdadero, es el contacto continuo con los billetes reales. Eso mismo se puede aplicar a las verdades y mentiras de la vida. Entre más estés en contacto con las verdades de la Biblia, más fácil será para ti poder identificar las cosas falsas que sólo te han generado dolor.

La Biblia es el mejor detector de mentiras con el que puede contar el hombre. Da directrices muy claras y muy concretas para poder dirigir nuestras vidas de acuerdo a verdades que se pueden poner en práctica. No es casualidad que muchas de las constituciones del mundo tienen principios bíblicos. Sería verdaderamente desagradable tener un dios que nos diera un instructivo que no se pudiera entender, y sería un dios muy malo si pudiéramos entenderlo pero no pudiéramos ponerlo en práctica. Cuando empezamos a darnos cuenta del valor real de la Biblia, ese libro que por muchos años solo fue adorno, ahora se ha convertido en el mejor instrumento de dirección para nuestra vida, una brújula que no podemos dejar a un lado; la cuidamos y le empezamos a sacar el mayor jugo posible. No conocer la Biblia es caminar a ciegas por el mundo. No consultar la Biblia es como querer manejar de noche sin luces. No poner en práctica lo que has leído en la Biblia, es querer que se te quite el hambre sin comer. La Biblia es la luz que nos alumbra el camino; son las señales que nos muestran cómo está el camino; es el mapa que necesitamos para llegar a nuestro destino.

Por todo esto, alístate, prepárate para entrar en contacto con la mejor tecnología a que puede acceder el hombre.

Sanidad por medio de Las Escrituras (tecnología espiritual)

La Biblia tiene la tecnología más avanzada para ayudar al hombre y a la mujer en todas las áreas de su vida. Es una tecnología capaz de transformar la existencia completa del hombre. Está hecha para eso; la cuestión es que siempre la hemos visto como un libro religioso, y eso hace que nuestra perspectiva hacía ella sea incorrecta. Parte fundamental de este libro es lograr que cambies tu manera de ver la Biblia; es que rompas todos tus paradigmas acerca de ella y que pueda funcionarte para elevar tu nivel de vida.

La sanidad por medio de las escrituras actúa de las siguientes maneras:

1. *Es un libro que nos enseña la forma correcta de relacionarnos con Dios, con los demás y con nosotros mismos.* De esto depende todo lo demás. Cuando una de estas relaciones está dañada, genera consecuencias que tarde o temprano vamos a resentir. Cuando hablo de *relación,* me refiero a la interacción entre dos o más personas. Esta es la razón por la que no es tan fácil la vida; en una relación, sea cual sea, siempre existen otras personas. Tú puedes ser una excelente persona, pero tu vecino puede ser el más rencoroso del planeta; tú puedes ser una persona amable y tolerante, pero tu jefe es totalmente lo contrario, y lo que es peor, a veces las personas que más daño nos causan son las más cercanas a nosotros en nuestro diario vivir. El saber cómo relacionarnos nos lleva a tener una vida más sana. También es de gran ayuda tener una guía precisa para saber cómo solucionar problemas pasados que nos han generado personas de nuestro círculo social; sean familiares, amigos o compañeros de trabajo
2. *Nos enseña a manejar los factores externos.* Hay cosas que no tienen nada que ver con la relación con los demás, como los accidentes y sus consecuencias, o algunas enfermedades y todo lo

que altera en la vida de las personas. Hay muchas enseñanzas acerca de cómo actuar frente diversas situaciones que son ajenas a nuestra participación directa o voluntaria.

El principio básico en el que opera la Biblia es: *conocer lo que dice y actuar sobre sus lineamientos.* La Biblia genera resultados en la medida en que ponemos en práctica dichos *lineamientos.* Esto no es algo mágico que con unas cuantas repeticiones las cosas van a suceder. **Este libro no trata de rituales de lectura, ni enseña que con sólo leer la Biblia tus problemas se van a terminar.** Este libro trata acerca de las direcciones contenidas en la Biblia para activarlas en nuestra vida diaria.

Lo primero que tenemos que hacer es conocer lo que la Biblia dice, y en segundo lugar debemos poner en práctica sus consejos. Así es como opera vívidamente la Biblia. La Biblia es un libro vivo es como si evaluara qué tanto estas activando sus principios para responder a tu necesidad.

Antes de entrar de lleno a la Bibliaterapia, te debe quedar claro que el poder de la Biblia radica en la medida en que la pones en práctica.

Cabe aclarar que lo que debemos aprender al leer la Biblia son los "principios prácticos", porque vas a leer pasajes que son imposibles de poner en práctica. Si lees el Antiguo Testamento, verás que la gente hacía diversas fiestas para conmemorar algún hecho importante. Eso no quiere decir que tú vas hacer esas fiestas; pero en medio del relato de dichas fiestas puedes encontrar algún principio que puedes poner en práctica. Te voy a poner un ejemplo: no sé si has leído la historia de David y Betsabé. David era un Rey próspero, había logrado muchas cosas en su reinado, ganaba casi todas las batallas y en una ocasión mientras su ejército estaba en la guerra, mirando desde la azotea, vio una muchachita muy guapa que se estaba bañando. Le gustó y la mandó traer y tuvo relaciones con ella. Como consecuencia de ello queda embarazada, y el Rey manda llamar al esposo de la muchachita que estaba en plena guerra defendiendo los propios intereses de su Rey, para que se acueste con su esposa y así su culpa y pecado sean encubiertos; sin embargo, el esposo de Betsabé (que así se llamaba ella), en lugar de ir a su casa decide dormir en el palacio del Rey. Entonces David decide enviarlo a lo más duro de la batalla, al mismo frente para que muera. Así sucede y después vienen toda una serie de complicaciones tremendas. El principio que se encuentra en ese pasaje es el siguiente: dice la Biblia que era tiempo de guerra, y como David era un hombre de guerra *él debía estar en la guerra,* pero como su ejército ganaba casi todas las batallas empezó a confiarse y empezó a dejar de ir a las guerras quedándose en casa de ocioso. Y aquí está precisamente el principio que debemos aprender: cuando hay algo que tú debes hacer, no lo dejes de hacer para ponerte de ocioso. El ocio siempre tiene la habilidad de envolvernos en situaciones aparentemente divertidas, que a final de cuentas nos llevan a problemas mayores. Cuando escribo la palabra ocio, no me refiero a una sana diversión o un merecido descanso. Cuando hablo de ocio me refiero a no hacer nada cuando se tienen cosas que hacer. Recuerdo que de niño mi madre me decía que el ocio es la madre de todos los vicios. Tenía razón. El ocio es devastador. Un poco de ocio puede cambiar toda una vida. Cuántos jóvenes por estar de ociosos echan a perder toda su vida. Un día, en lugar de hacer algo productivo se van toda la tarde con los amigos a no hacer nada, y es cuando se les presenta la oportunidad de probar alguna droga; o no nos vamos tan lejos, se les presenta una oportunidad de empezar con el alcohol, y con el tiempo tienen un hábito que les desbarata todos sus sueños, les desbarata toda su vida; y todo por una tarde de ocio. David *tenía* que estar en la guerra. Había algo que hacer, pero prefirió el ocio y cometió una falta terrible que le acarreó muchas consecuencias desagradables. Así como este ejemplo, en la Biblia se encuentran muchos ejemplos más y de todos los temas; algunos muy obvios y otros no tanto.

Testimonios

Este libro se puede llenar de testimonios, pero sólo quiero platicar los que me constan en lo personal; testimonios que yo pude ver, o bien de personas cercanas a mí y muy confiables. Dentro de los testimonios podrás ver que la solución no se dio sólo por leer la Biblia; que no se dio como algo mágico sólo por leerla. Se dio por poner en práctica lo que dice la Biblia.

Hace muchos años yo tenía una agencia de publicidad y trabajaba para mí un joven muy activo y creativo. De repente faltó a trabajar por una semana sin avisar, por lo que fui a buscarlo a su casa. Para sorpresa mía, toda su familia estaba en el hospital esperando a que a este joven lo operaran de emergencia pues le habían detectado un cáncer avanzadísimo en el riñón. Un doctor quería operarlo sin garantizar nada a la familia. Incluso podría perder la vida en la misma operación. No había alternativa, ya le habían realizado todos los estudios médicos en dos ocasiones y no había mucho que hacer, sólo le daban unas semanas de vida. Un día anterior, leí en la Biblia que todos los que hemos creído en Jesucristo podemos orar por los enfermos, así que lo puse en práctica y lo fui a buscar. Estaba a punto de entrar al quirófano; ya estaba preparado para la operación, y pedí que me dejaran orar por él antes de la intervención. Recordé que la Biblia decía 'imponer manos', así que lo hice y oré. Terminando de orar la enfermera lo llevó a la sala de operaciones, y la hora de ponerle la anestesia el doctor se detuvo y frenó la operación, pidió hacer nuevamente los exámenes y la sorpresa se dio. El cáncer había desaparecido. Nadie lo podía creer. Primero todos los estudios resultaron positivos y en un instante los resultados fueron completamente diferentes. Yo sé que muchos de ustedes estarán pensando que fue una equivocación de los primeros exámenes, y no es mi intención convencerte de lo contrario. Yo sólo sé que me tocó presenciar algo verdaderamente insólito, sólo por poner la Biblia en acción.

En una ocasión un amigo, cuya parte de su trabajo es dar consejerías familiares, recibió en su oficina a una señorita invidente que iba acompañada de su mamá. Tenían muchos problemas familiares, cuando terminaron de exponerle todos sus problemas, mi amigo le preguntó a la joven cómo estaba la relación con su padre. Ella inmediatamente se puso a llorar, y le platicó que desde niña había sido maltratada, por lo que le guardaba mucho rencor. Mi amigo entonces le abrió la Biblia para decirle que lo primero que tenía que hacer era perdonar. Después de un rato de platicar con ella, por fin accedió a perdonar a su padre y el resultado fue inmediato: recobró la vista. Lo mismo: cuando activaron la Biblia se dieron los resultados.

Biblia-
terapia

Hábito de lectura

Lo primero que tenemos que hacer, es generar un hábito de lectura diario de la Biblia. Se dice que algo se convierte en un hábito después de más de 40 veces que lo repetimos constantemente. Más adelante anexo una relación de varios sistemas de leer la Biblia en un año. Para empezar te recomiendo el sistema de 4 capítulos diarios porque te ocupan sólo unos 15 minutos al día (o menos, dependiendo de tu velocidad de lectura) y la lees en un año. No es fácil hacerse del hábito de lectura, pero créeme que es uno de los hábitos que más te pueden remunerar en todos sentidos. Y yo sé que una vez que tengas el hábito de leer 15 minutos diarios, será más fácil anexar a tu lectura un libro paralelo a la Biblia, y cuando te des cuenta estás leyendo dos libros al mismo tiempo.

Te recomiendo que te compres unos lápices o plumones de colores y que subrayes lo que a tu parecer, sean principios que vas encontrando en la Biblia. Por ejemplo, usa el rojo para todo lo que tenga que ver con Dios; usa el azul para lo que tenga que ver con dinero; el amarillo para todo lo que tenga que ver con la familia. El color es lo de menos, pero úsalos. Se ha comprobado que el cerebro funciona por mapas, y los colores son excelentes para ubicar fácilmente textos en libros grandes.

Otra cosa que tienes que hacer, es tener una libreta para apuntar exclusivamente todos aquellos conceptos que vayas descubriendo. En dicha libreta pones la fecha en que estás leyendo, y apuntas del lado izquierdo el capítulo que lees, y al lado apuntas lo que has descubierto. Con el paso del tiempo, el sólo hecho de leer el cuaderno es reconfortante. Hay días en los que uno no apunta nada, pero hay otros en los que verdaderamente se encuentran muchos tesoros.

La primera etapa de lectura hace que nos familiaricemos con el lenguaje y ambiente de la misma Biblia. En esta etapa probablemente no encuentres tan rápido muchos conceptos, pero llegará el momento en que podrás encontrar un enorme tesoro de principios prácticos que te ayudarán a vivir mejor en este planeta. Esta etapa es cuando empiezas a habituarte a la lectura. Ya cuando tienes el hábito de lectura se te facilita más el encontrar verdades, ya que te acostumbraste al lenguaje y entorno de la Biblia.

Seguramente te llegarán muchas dudas, ¡muchas! Te quiero decir que lo que más me ha gustado de la Biblia, es que la Biblia se explica así misma. Esto quiere decir que en la misma Biblia, están las respuestas para aquellas cosas que encuentras y que te generan dudas o preguntas; por eso es importante leer constantemente la Biblia, para ir encontrando las verdades completas. A veces, un principio lo puedes entender cuando estudias varios pasajes diferentes pero que tienen el mismo principio. Si cuando estás leyendo te surgen dudas, apúntalas inmediatamente en tu cuaderno y espera.

Continúa leyendo, y cuando menos te lo imagines, encontrarás la respuesta en la misma Biblia. Recuerda: la Biblia explica la Biblia.

Algo muy importante al estudiar la Biblia, es que no puedes estacionarte en una sola verdad. Tienes que aprender a ver el panorama general y aplicar los principios prácticos que encuentres en la Biblia. Mira: este libro es tan fascinante, que muchas personas al leerla sin ton ni son y sin responsabilidad, han creado sectas basadas en un sólo versículo de la Biblia haciendo a un lado gran parte de ella. Esto es precisamente lo que ha generado mucha desconfianza en la gente. Es importante aprender a leer buscando el panorama general con un sentido común. De ese tipo de lectura irresponsable, ha surgido el clásico problema de cuando alguien malinterpreta un pasaje de la Biblia y se pone a gritarle a todos a su alrededor que se acerca el fin del mundo. Y lo peor es que mucha gente les cree. El estudio de la Biblia es de aplicación personal. Las verdades contenidas en ella son universales para todos los hombres, pero si quieres compartir lo que has aprendido, mejor enseña a los otros a leer la Biblia.

Ahora bien, yo te recomiendo que leas la Biblia bien despierto. Procura no empezar a generar tu hábito antes de dormir, porque muchas veces cansados del trabajo de todo el día, cuando llega la noche ya estamos muy cansados y ya no estamos "alertas" para encontrar las verdades que buscamos. Si se tratara de un libro común no habría problema. La cuestión es que debemos estar alertas buscando principios que nos puedan ayudar. Lo ideal es que en la mañana te levantes 15 minutos antes de lo que acostumbras y la leas. A esas horas del día estamos bien despiertos, con todos los sentidos activados; sin embargo, a veces es imposible hacerlo en la mañana y el único tiempo que queda es en la noche; bueno si es así, hazlo ¡pero hazlo! Lo importante es lograr el hábito; ya sea de noche, de mañana, o al mediodía, pero lee la Biblia.

Hábito de obediencia

Este hábito es más difícil, que acostumbrarnos a leer la Biblia, porque por muchos años nos hemos comportado como hasta hoy: a nuestro modo. Y cuando de repente leemos en la Biblia algunas cosas que **debemos** hacer, realmente es difícil el aparente simple hecho de pedir perdón. Puede hacer que por años no puedas hacerlo, pero cuando te decides a hacerlo y ves los resultados, te preguntas que por qué no lo hiciste antes.

Quiero hacer una importante aclaración. Espero que te has estado fijando en dos palabras que uso con frecuencia en el libro: las palabras "principios prácticos", y quiero que así lo entiendas. Tenemos que poner en práctica esos principios, los cuales nos van a ayudar para salir adelante. No vaya a ser que de repente leas en la Biblia que en el Antiguo Testamento se acostumbraba el "ojo por ojo y diente por diente", y quieras hacer lo mismo. Por eso te decía que debes tener un panorama completo de la Biblia. Es sumamente importante. Aprender a leer la Biblia es precisamente eso, tener un panorama general, extraer los principios, y ponerlos en práctica. Cuando pones "en práctica" algún pasaje de la Biblia fuera de contexto, corres el riesgo de hacer tu propia Biblia y después te vas a creer iluminado y querrás formar una religión. Por eso hago mucho énfasis: es importante conocer **toda** la Biblia, y reconocer los principios prácticos contenidos en ella.

Ahora bien, cuando ya tenemos el hábito de lectura de las escrituras, el siguiente paso es fomentar el hábito de obediencia, porque de nada nos va a servir ser grandes conocedores de la Biblia si no la estamos poniendo en práctica. La diferencia entre que sucedan las cosas o no, es tu obediencia. Cuando encuentres un principio que puedas llevar a la vida diaria, no tardes en ponerlo en práctica; tú mismo te vas a dar cuenta de los resultados; estoy seguro que te quedarás asombrado con los resultados.

Memorización

Como hemos visto, el poder de la Palabra se genera por conocerla y por ponerla en práctica. Es un arma poderosa en nuestras manos y si queremos realmente dominarla tenemos que memorizarla. En muchas partes de la Biblia podemos ver que se define a sí misma como una espada. Yo creo que esa espada siempre es la misma, realmente lo único que cambia es quién la usa y cómo la usa. El primer paso para aprender un buen manejo de dicha espada, es aprender de memoria aquellos versículos clave para nuestra vida personal.

Ahora bien algo sumamente importante: no se puede hacer una lista rigurosa de "versículos clave universales" para que le sirva a cualquier hombre o mujer; lo interesante de esto es que es personal. Lo que para ti puede ser un versículo clave de vida o muerte, para otro puede ser un versículo interesante, de apoyo pero no clave. Por eso es que no voy a poner en este libro alguna lista de versículos clave para memorizar. Al final si voy a poner una guía, pero que debe tomarse precisamente como eso: como una guía que te ayude a encontrar los versículos clave, y sobre todo, que esa lista te ayude a ver que la Biblia contempla todas las áreas en la vida del hombre y de la mujer.

El mejor sistema que en lo personal me ha ayudado para memorizar las Escrituras, es el de hacer tarjetitas escritas con versículos de la Biblia y leerlos dos o tres veces al día durante una semana. Lo que hacemos en mi familia es que antes de cada comida leemos en voz alta la tarjetita con el versículo, de esta manera no se hace pesado y al final de la semana nos hemos aprendido un versículo. Es muy sencillo, te invito a que lo intentes. Las tarjetitas las venden ya cortadas en las papelerías; las puedes pedir como tarjetas de presentación. Generalmente estas cajas contienen 100 piezas; si estamos hablando de usar una por semana, al año vas a usar un poquito más de la mitad de la caja, así que es suficiente con una caja. Te recomiendo que uses bolígrafo, ya que si utilizas lápiz es muy probable que con el tiempo se borre, si lo haces con tinta y vas guardando las tarjetas al cabo del tiempo tendrás todo un arsenal de versículos clave. Para hacer muy accesible su lectura, te recomiendo que pongas el nombre del versículo al principio y al final del texto. Puedes poner una pequeña anotación en la parte inferior de la tarjeta que te recuerde el propósito del versículo. Muchas veces sucede que en el momento que estamos pasando por una situación determinada, el versículo cobra vida, lo usamos y después de un tiempo cuando volvemos a leerlo no tenemos una referencia exacta. Esta pequeña anotación no debe ser muy larga, en algunos casos sólo se pone una sola palabra. Recuerda que es sólo una referencia.

Como refuerzo al final de la semana comenta con alguien el versículo y lo que te ha servido; esto hace que tu cerebro retenga no sólo por repetición, sino por el uso de dicho pasaje. Si quieres todavía un refuerzo más fuerte para memorizar el versículo, al final de la semana escríbelo en un cuaderno con una anotación de referencia; en este caso si puedes ampliarte un poco más de lo que escribiste en la tarjeta; es sólo un recurso para retener lo que estamos introduciendo a nuestra memoria.

Meditación bíblica

Esto no tiene nada que ver con poner la mente en blanco ni nada por el estilo. Meditar según el diccionario: *es aplicar con intensidad la mente en el análisis de una cuestión.* Y de esta definición vamos a partir. Sé que una persona aplicada en la meditación entiende perfectamente la definición de esta; sin embargo, una gran mayoría de gente influenciada por los medios de comunicación masiva, tenemos la falsa idea de asociar la meditación con una persona que se olvida del mundo real y se aísla poniendo la mente en blanco. Por eso quiero partir de la definición del diccionario, porque se trata exactamente de lo contario, de activar la mente, de "echar a andar" ese músculo que hemos dejado adormecido por no aplicarlo correctamente.

Cuando cultivas el hábito de lectura de la Biblia, es imposible que no te impacten ciertos pasajes. Con mucha frecuencia los versículos de las Escrituras nos dejan una huella de por vida. Y cuando meditamos en ella, ese impacto crece exponencialmente.

No se trata de hacer un método de meditación; no se trata de hacer fórmulas exprés que funcionen de la noche a la mañana. Meditar requiere tiempo. Es como los buenos vinos: entre más tiempo se les deje reposar, mejor saben. Igual es la Biblia: mientras más le dediques tiempo meditando en ella, mejores resultados obtendrás. Y para lograrlo no se necesitan "guías" detallando los pasos para conseguirlo. Lo que se necesitan son principios.

Principio número uno

Confía en la Biblia. Empieza a leerla, y cuando un pasaje te llame la atención, te impacte poco o mucho pero que haya algo que te llame la atención, no lo sueltes, agárralo. Así literalmente como si tuvieras garras, y no dejes que las actividades de la vida cotidiana te quiten ese pasaje. No dejes que ninguna distracción te robe tu tesoro. Sujétalo bien fuerte. Si depositas tu confianza en la Biblia encontrarás diariamente material para meditar y una vez que llegue "el golpe" de la Escritura, no lo dejes.

Principio número dos

Memoriza lo más que puedas el o los pasajes que te impactaron; escríbelo en una tarjetita que quepa en tu bolsillo, y empieza por memorizar el versículo. Este simple paso abre un panorama que amplía nuestro entendimiento y desde este momento empezamos a profundizar en la Palabra.

Principio número tres

Analiza cada párrafo, cada palabra y cada verbo. Lee el párrafo tratando de analizarlo en el contexto de la escritura completa que estás leyendo; medita en cada palabra que se encuentra en el versículo. Si existe alguna que no comprendes bien, ve al diccionario; muchas veces esto hace que podamos visualizar el pasaje de otra manera más amplia de lo que habíamos entendido. Analiza cuidadosamente los verbos en los que está escrito el pasaje. Esto es de suma importancia, ya que un pasado puede cambiar radicalmente nuestro entendimiento si fuera futuro o presente y viceversa. Por último, estudia los lugares y costumbres de la época. Esto nos da una imagen global del pasaje. Yo sé que no es fácil y que no se logra de inmediato, pero si nos aplicamos, en un corto tiempo estaremos profundizando en la Escrituras.

Principio número cuatro

Hazte preguntas. Dios no se enoja si nos cuestionamos; a veces he creído que es uno de los pasatiempos preferidos de Dios, cuando nos ponemos a cuestionarnos todo con una correcta motivación de aprendizaje, muy diferente a cuando cuestionamos todo por simple rebeldía que lo único que busca es molestar. Cuando realmente queremos aprender es muy válido cuestionarse todo. Así que cuando tengas un versículo o un pasaje que estés analizando hazte todas las preguntas que puedas acerca de esa parte de la Biblia. ¿Por qué? ¿Para qué? ¿Cuándo? ¿Cómo? Y todas las que te quieras hacer.

Principio número cinco

Coméntalo con otros, funciona muy bien, tal como si quisieras memorizar el pasaje. Coméntalo con tus amigos y tus familiares, verás que al expresarse con palabras su entendimiento te exige más para que puedas plasmar con palabras lo que has meditado de la Biblia. Este ejercicio es muy bueno porque muchas veces podemos captar ideas al interior nuestro pero no podemos convertirlas en palabras. Sucede a menudo que creemos que ya hemos entendido un pasaje de la Biblia y lo traemos varios días en el "archivo", pero cuando lo queremos traducir a palabras nos damos cuenta que realmente sólo tenemos una vaga idea de lo que estamos meditando. Practica este ejercicio, los resultados te van a dejar satisfecho.

Un consejo pequeño pero poderoso:

Cuando estés leyendo tu Biblia y haya un pasaje difícil de entender y por más que lo intentas no le entiendes… ¡déjalo! sigue leyendo tu Biblia; cuando menos te imagines, leyendo en otra ocasión el mismo pasaje será más claro, mas entendible, confía en tu Biblia. Recuérdalo: cuando te topes con un pasaje aparentemente inentendible, déjalo en paz y sigue tu lectura, aplícate a los versículos y pasajes que en ese momento están claros. Esta es una forma de sacarle mucho provecho a nuestra lectura. Dios quiere comunicarse contigo. No anda poniendo claves ocultas para que las descifremos. Él cuando quiere hablar es muy claro. Tan claro que muchos se niegan a creer que es Dios hablando. Confía en tu Biblia y aplica todas tus fuerzas en aquellos pasajes que tienen vida en ese momento. Conozco personas que se pasan años tratando de encontrar mensajes ocultos o tratando de descifrar los pasajes más difíciles de la Biblia, y pierden los tesoros que pueden saborear y disfrutar diariamente en abundancia; todo por querer encontrar el "hilo negro" o el eslabón perdido. Confía en tu Biblia. Créeme, nunca falla.

Guías más comunes de lectura bíblica

Un consejo básico:

La Biblia es tan poderosa, que leyéndola de cualquier forma nos transmite vida y orientación. Leer versículos por separado y los días que tengamos "ganas" definitivamente es mejor que no leerla; sin embargo, el reto de este pequeño libro es que se cree en ti un hábito de lectura de la Biblia, por lo que recomiendo ampliamente que la leamos *sistemáticamente.* Esto le da tal profundidad a nuestro entendimiento, que vale la pena intentarlo. En las siguientes páginas anexo algunos sistemas de lectura; analícelos y escoja alguno, procuré poner variados.

Te recomiendo que tengas una libreta exclusiva para escribir lo que vas aprendiendo de la Biblia. Con el paso del tiempo esa libreta será "oro molido" y tú mismo te sorprenderás las muchísimas aplicaciones prácticas que contiene la Biblia. Educarás mejor a tus hijos, tu relación matrimonial mejorará, harás mejores negocios, en fin los resultados son extraordinarios si ponemos en práctica los principios bíblicos.

También te recomiendo que desde tu primera lectura *completa* de la Biblia, uses colores para subrayarla. Subraya todos los versículos que te enseñen algo.

Te recomiendo que tu primer encuentro con la Biblia sea con el método que titulé "Panorama general de la Biblia". Este tipo de lectura nos genera el hambre suficiente como para adentrarnos en un estudio sistemático y completo de la Biblia. Este sistema dura dos semanas leyendo 4 capítulos diarios. Los métodos de lectura a que me refiero son los siguientes:

1. **Panorama General de la Biblia**
2. **Versículos y pasajes clave de la Biblia**
3. **Los discursos de Jesucristo**
4. **Profecías cumplidas del A.T. en Jesús**
5. **Lea la biblia en un año**

1. Panorama General de la Biblia

DIA	LIBRO	LIBRO	LIBRO	LIBRO
1	Lucas 1	Génesis 1	Hechos 1	Salmos 2
2	Lucas 2	Génesis 3	Hechos 2	Proverbios 1
3	Marcos 1	Génesis 22	Hechos 4	Salmos 16
4	Marcos 2	Éxodo 3	Hechos 9	Proverbios 5
5	Mateo 5	Éxodo 20	Hechos 27	Salmos 23
6	Mateo 6	1 Samuel 17	Romanos 3	Proverbios 7
7	Lucas 15	2 Samuel 11	Romanos 7	Salmos 27
8	Juan 3	2 Samuel 12	Romanos 8	Proverbios 14
9	Juan 14	1 Reyes 18	1 Corintios 13	Salmos 32
10	Juan 17	Job 38	Gálatas 5	Proverbios 18
11	Mateo 26	Job 42	Efesios 3	Salmos 71
12	Mateo 27	Isaías 40	Efesios 5	Proverbios 22
13	Juan 20	Daniel 6	Filipenses 3	Salmos 91
14	Lucas 24	Jonás	1 Juan 1	Proverbios 25

2. Versículos y pasajes clave de la Biblia (lea dos capítulos diarios)

Tema	Pasaje	Pasaje
Creación / Pecado	Génesis 2 / Génesis 3	Proverbios 1
Abel y Caín	Génesis 4	Proverbios 2
Noé y el diluvio	Génesis 6, 7, 8, 9	Proverbios 3
La Torre de Babel	Génesis 11	Proverbios 4
Dios llama a Abraham	Génesis 12	Proverbios 5
Sodoma y Gomorra	Génesis 19	Proverbios 6
Ismael	Génesis 16 – 21	Proverbios 7
Isaac	Génesis 21-23	Proverbios 8
Jacob	Génesis 25 – 35	Proverbios 9
José	Génesis 37- 50	Proverbios 10
Moisés	Génesis 37 – 50	Proverbios 11
Diez mandamientos	Éxodo 20 – Dt 5	Proverbios 12
Rahab	Josué 2	Proverbios 13
Josué	Josué 3	Proverbios 14
Débora	Jueces 3	Proverbios 15
Gedeón	Jueces 6, 7 y 8	Proverbios 16

Sansón	Jueces 13, 14, 15 y 16	Proverbios 17
Rut	Rut 1, 2, 3, 4	Proverbios 18
Saúl	1 Samuel 8, 9, 10, 11	Proverbios 19
David	1 Samuel 16, 17, 18, 19	Proverbios 20
Salomón	1 Reyes 2	Proverbios 21
Elías	1 Reyes 17, 18 19	Proverbios 22
Eliseo	2 Reyes 2	Proverbios 23
Nehemías	Nehemías 1, 2, 3	Proverbios 24
Ester	Ester Todo el libro	Proverbios 25
Daniel	1, 3, 5, 6	Proverbios 26
Jonás	1, 2, 3, 4	Proverbios 27
Llegada de Jesús	Lucas 2	Proverbios 28
La trasfiguración	Mateo 17	Proverbios 29
La última cena	Lucas 22	Proverbios 30
La resurrección	Lucas 24	Proverbios 31

3. Los discursos de Jesucristo

Discursos

Lugar	Pasaje
Pozo de Jacob	Jn 4:31-38
Nazaret	Lc 4:16-28
Monte Galilea	Lc 6:17-49
Capernaum	Mt 11:2-29
Capernaum	Mr 3:19-30
Capernaum	Jn 6:22-71
Capernaum	Mr 9:33-50
Capernaum	Lc 10:1-24
Jerusalén	Jn 7:10-40
Jerusalén	Jn 8:12-59
Jerusalén	nJn 10:1-21
Jersualén	Jn 12:20
Jerusalén	Mt 23:1-39
Jerusalén	JN 13:1-20
Jerusalén	Jn 14,15 y 16
Betania	Lc 11:1-3
Betania	Lc 11:14-36
Jordán (alrededores)	Lc 12:1-21
Perea	Lc 12:22-34

4. Profecías cumplidas del A.T. en Jesús

PROFECIA	CUMPLIMIENTO
Gn 3:15	Mt 1:18, Lc 1:30
Gn 12:3	Mt 1.1l, Lc 3:23
Gn 17:19	Mt 1:2, Lc 3:34
Gn 28:14	Mt 1:2, Lc 3:34
Gn 49:10	Mt 1:2,3; Lc 3:33
Dt 18:15	Mt 21:10,11
Sal 2:2,3	Lc. 18:31
Sal 2:7	Mt 3:17,He 1:5
Sal 45:6,7	He 1:8-12
Sal 68:18	Mr 16:19, Lc 24:50,51
Sal 16:10	Mt 28:1-10
Sal 49:15	Lc 24:1-12
Sal 34:20	Jn 19:33
Sal 22:1	Mt 27:46 Mr 15 34
Sal 22:18	Mt 27;35, Mr 15:24
Sal. 78:2-4	Mt 13:33-35
Sal 69:9	Jn 2:13-17
Sal 110:4	He 5:6, 6:20
Sal 8:2	Mt 21:15,16
Sal 41:9	Mt 26:47, Jn 13:18
Sal 109:7,8	Hch 1:20-26
Sal 27:12	Mt 26:59
Sal 38:13-15	Mt 26:63
Sal 109:3,4	Lc 23:34
Sal 69:21	Jn 19:28-30
Sal 35:19	Jn 15:23
Sal 22:16	Jn19:34, Ap 1:7
Sal 22:6-8	Mr 15:27, Lc 23:32-37
Is 53:9	Mt 27:57-60
Is. 53:12	Lc 23:33
Is 53:4-12	Ro 4:25, He 9:28
Is 50:6	Mt 26:67
Is 7:14	Mt 1:18-25, Lc 1:26-35
Is 40:3-5	Jn 1:19-23, Lc 3:2-6
Is 9:1,2	Mt 4:12, Mr 1:35-39
Is 61:1,2	Lc 4:16-21, Mt 11:4-6
Is 62:10	Mt 21:5-11Mr 11:1-10
Is 53:1	Jn 12:36-38
Zac 11:12,13	Mt 26:14-16, Lc 22:3-6

2 S 7:12,13	Mt 1:6,17; Lc1:32
Mal 4:5,6	Mt 11:14, Mr 9:11-13
Mi 5:2-4	Mt 2:1-6, Lc 2:4-7
Jer 31:15	Mt 2:16:18
Dn 9:25	Lc 2:1-7
Os 11:1	Mt 2:13-15
Zac 12:10	Ap 1:7, Jn 19:34-37

5. Lea la biblia en un año

Actualmente en internet hay muchas plataformas que ofrecen guías sobre cómo leer la Biblia en un año. Puedes buscar en: youversion.com o biblegateway.com y seguro encontrarás una que te ayude a leer la Biblia completa en un año.

Qué leer para

A continuación te presento una pequeña guía para leer pasajes que nos ayudan cuando atravesamos por circunstancias bien específicas. Quiero aclarar que los mejores pasajes para nuestra vida personal, los vamos a encontrar de manera personal en nuestra lectura habitual de la Biblia.

También quiero aclarar que muchos de estos versículos no son tan obvios en la primera lectura, por lo que te recomiendo que los medites y los analices cuidadosamente, porque hay en ellos un tesoro escondido de valor incalculable.

Los temas seleccionados abarcan las tres áreas mencionadas en el principio. Realmente espero que esta guía te sirva y que pueda motivarte a crear la tuya.

Tema	Lectura
Si te sientes solo	Jn 14:15-31; Salmos 22:42
Si estás desanimado	2 Cor 4:16-18; Rom 15:13; Salmos 34
Si estás frustrado	Mt 7:13
Si eres impaciente	Ec 3:1-15; Lm 3:25-33; He 6:13-20; Stg 5:7-11
Si eres inseguro	1 Jn 3:19-24; Fil 4:10-20; Salmos 73:21-26
Si eres celoso	Pr 23:17; Stg 3:13-18; Sal 49
Si te sientes engañado	Sal 62:1-8 / Sal 55 Jer 20:7-18
Si estás afligido	Sal. 25; Mt 10:26:31; 1 Pe 1:3-5
Si estás enojado	Mt 5:21-24; Ef 4:26-32; Pr 15:1
Si tienes miedo a la muerte	1 Co 15:35-57; Ro 8:18-39; Sal 23 / Sal 63:1-8
Si tienes miedo	He 13:5-6; Sal 27 / Sal 91; Is 41:5-13
Afán por el dinero	1 Tim 6:6-10; Pr 11:7; Ec 5:10-20; Mt 6:24-34
Si estás preocupado por la vejez	Sal 37:23-29; Is 46:3-4
Si estás preocupado por el futuro	Is. 35 / Is 60; Jer 29:10-14; 1 Pe 1:3-5
Respeto a los padres	Ex 20:12; Col 3:20; Ef 6:1-3; Pr 23:22
Si quieres encontrar la verdad	Sal 119:153-160; Jn 8:31; 1 Ti 2:1-7
Si quieres encontrar Justicia	Am 5:21-24;Sal 10 / Sal 75/ Sal 94; Is 42:1-7
Si quieres encontrar La ayuda de Dios	Mt 7:7-12; Sal 5 / Sal 57 / Sal 121 / Sal 86
Si quieres encontrar la Salvación	Jn 3:16; Ef 1:3-14; Ro 10:5-13
Si quieres encontrar fortaleza	Is 40:27-31; Sal 46; Ef 6:10-20
Si quieres encontrar el perdón	He 4:14-16; Sal 32:1-5; Lc 15; 1 Jn 1:5-10

Para jubilarte	Ro 12:1-2; Fil 3:12-21; 2 Pe 1:2; Sal 145
Para empezar un nuevo trabajo	Pr. 11:3; Ro 12:3-11; 2 Tes 3:6-13
Si quieres instruir a tus hijos	Pr 22:6; Ef 6:4; C ol 3:21
Si quieres acabar con el orgullo	Ro 12:14-16; Sal 131; 2 Co 12:1-10
Si quieres evitar una rencilla	Ef 4:25-32; Mt 5:23-26; Lc 6:27-36; Lv 19:17-18
Si quieres superar los prejuicios	Gal 3:26-29; Hch 10:34-36; Mt 7:1-5; Ef 2:11-22
Si quieres vencer la adicción	Pr 23:29-35; 2 Co 5:16-21; Sal 40:1-5; Ef 4:22-24
Si quieres aprovechar el tiempo	Ti 3:8-14;Lc 21:34-36; Pr 12:11
Si quieres tomar una decisón difícil	Dn 2;14-23; Col 3:12-17; 1 Re 3
Si quieres encontrar la voluntad de Dios	Mi &:6-8; Sal 15; Mt 5:14-16; Ro 13:8-14;
Si quieres controlar la lengua	Stg 3:1-12; 2 Tes 2:16-17; Sal 12; Pr 11:13
Si quieres controlar el temperamento	Gal 5:16-26; Ec 7:9; Pr 29:22; Pr 14:17; Pr 15:18
Si quieres ser buen amigo	Ro 16:1-2; Pr 17:17; Lc 10:25-37; Jn 15:11-17
Si quieres ser un buen líder	1 Ti 3:1-7; Is 11:1-9; Ti 1:5-9
Si quieres consuelo ante la enfermedad	Sal 23; Mr 1:29-34; Stg 5: 14-16
Si quieres superar la muerte de un ser amado	Jn 11:25-27; Ro 8:31-39; 1 Tes 4:13-18
Si perdiste tu trabajo	Fil 4:10-13; Lc 16:1-13; Jer 29:10-14

El perdón de Dios para nosotros

La vida es muy dura, nos juega chueco. Nos hace hacer cosas de las cuales después nos arrepentimos de por vida. La condenación nos persigue hasta enfermarnos. Hay mucha gente que enferma por la culpa que siente, sus hechos y sus recuerdos los agobian. Y no descansamos hasta que encontramos el perdón.

Este tema es de suma importancia por favor estudia cada una de las lecturas siguientes con toda meditación y con un corazón sincero. Lo que vas a encontrar te va a cambiar la vida de por vida. He conocido gente que después de pasar por esta Bibliaterapia, hasta le cambia físicamente el rostro, le brilla en la cara el saber que son perdonados.

Está dividido en cinco partes. Si te sientes sumamente culpable, hasta la muerte, léelo en un mismo día. Si no es tan severa la condenación, te pido que lo hagas en cinco días, una parte cada día. Si por alguna razón tu has llevado una vida que no te ha generado sentirte culpable, también te pido que hagas este ejercicio es muy saludable. Es vital.

Ahora bien; no quise ponerle títulos a cada parte porque intencionalmente quiero que medites por ti mismo (o misma) cada versículo.

Dichos versículos son los siguientes:

Parte Uno	Ec 7:20 / Isaías 59:1-15 / Ro 3:9-20 / Ro 5:12-21 / Ro 7:14-25
Parte Dos	Ex 19:3-8 / Is 54: 1-10 / Jer 31: 31-34 1 Pe 1:1-10 / 1 Jn 3:1-10
Parte Tres	Jn 3:1-21 / Ro 5:1-11 / Ef 2:1-10 / Col 1: 15-23 / 2 Ti 1:3-10 / 1 Pe 2:10-25

Parte Cuatro	Sal 32:1-11 / Sal 51:1-17 / Ro 3:21-26 / Ro 8:31-39 / Ro 10:5-13 / 1 Jn 1:5-10
Parte Cinco	Mt 20:20-28 / Ro 6:1-14 / Gal 5:16-26 / Ef 4:17-32 / 1 Pe 2:21 / 1 Jn 4:7-21

El perdón de nosotros para los que nos han lastimado

Innumerables veces (me atrevería a decir que la mayoría de ellas), la solución está en perdonar a aquellos que nos han lastimado. Si Dios nos ha perdonado, es necesario que perdonemos. Cuando Cristo nos enseñó el modelo de la oración a través de Padre Nuestro, nos mostró la clave cuando dice: "Perdona nuestras ofensas, como nosotros perdonamos a los que nos ofenden". Nuestra sanidad puede darse cuando perdonemos. Es muy probable que la causa de nuestra enfermedad sea la falta de perdón; es muy probable que nuestra ansiedad y falta de paz se deba a la falta de perdón. El paso a dar es perdonar. No es fácil, pero es muy sencillo. Lo primero que debes saber es que perdonar no tiene nada que ver con las emociones; perdonar es una decisión. Es cuestión de la voluntad. Si quieres ser libre de tus achaques, decídete y perdona a todos aquellos que te han ofendido. A veces pasan los años y tratamos de olvidar lo sucedido, o creemos que el tiempo lo arregla todo, pero no es así. Toda ofensa debe ser perdonada.

Así que si lo que te hicieron fue hace veinte o treinta años, no importa, no dudes y perdona.

Otro punto al respecto: no es necesario que la persona que te ofendió, tenga que pedirte perdón; muchas veces eso no puede darse por diversas circunstancias, pero que no sea impedimento para que lo perdonemos. A lo largo de mi vida ha habido gente que me ha lastimado y llego a la conclusión que no vale la pena estar afectado por la persona que me lastimó y decido perdonarlo.
Por último, es muy importante hacerlo verbalmente; no es indispensable, pero es muy importante. Puedes decir algo así con tus propias palabras: "Yo perdono a tal persona porque me hizo esto y aquello". Te vas a quedar asombrado de la paz que vas a sentir. Muchos de ustedes dormirán como no lo habían hecho en años; otros recuperarán el apetito; otros su sonrisa, y muchos más su salud. Vale la pena perdonar. Sólo recuerda que Cristo llevo el perdón al extremo. Él es nuestro ejemplo.

Conocer al Autor

El único libro del que necesitas conocer al Autor para entenderle

A lo largo de 14 años he conocido a mucha gente que se da por vencida para leer la Biblia. Muchos de ellos dicen que no le entienden, y es verdad. A mí me sucedió. Recuerdo que intenté varias veces leer la Biblia "por cultura" y nunca la entendí; lo más curioso es que no podía terminar ni siquiera un capítulo. Hice el intento como cuatro veces y mejor la dejé en paz. Sucedió tiempo después que me di cuenta que la mejor manera de entender la Biblia, es que te la explique el mismo Autor. Para un libro normal, común y corriente, de autor humano, sería imposible y ridículo tener que conocer al Autor del libro para entenderle, y mucho menos pedirle al Autor que le explique su libro, pero la Biblia es otra cosa simplemente porque su Autor es Dios mismo. Y Él sí puede estar en muchos lugares a la vez explicándole su libro a quien se lo pida.

Yo te recomiendo que hagas las paces con Dios. Seguramente me puedes decir: "pero si yo no he roto mis relaciones diplomáticas con Dios"; "yo siempre he creído en Él". Déjame explicarte, el problema lo venimos arrastrando por herencia. Es el problema del pecado. Estamos alejados de Dios por el pecado. Dios es Santo y no puede habitar con el pecado. Por simple naturaleza, lo santo no se mezcla con el pecado. Y nosotros somos pecadores. Independientemente del pecado que comentemos en la vida, está el pecado que heredamos de los primeros hombres que creó Dios. Cuando Adán y Eva desobedecieron, le dejaron como herencia el pecado a toda la humanidad. Entonces, desde que nacemos traemos en el paquete hereditario ese pecado. Sin que nosotros hayamos hecho algo, simplemente por pura herencia. Me acuerdo que hace unos años, se publicó un anuncio en las principales revistas de los Estados Unidos que tenía una foto de una bebé recién nacida. El título del anuncio decía: "esta niña heredó los ojos de su abuela, heredó la sonrisa de su papá y heredó la adicción a la cocaína de su madre". Para mí fue impactante; esa pobre niña no tenía la culpa de nacer con una adicción a la cocaína, pero la herencia es una cosa fuertísima y muy real. Así es el pecado que venimos cargando desde que nacemos, lo traemos por herencia.

Es aquí donde cobra sentido todo lo que hizo Jesús. El hijo de Dios tenía que ser sacrificado para que se pudiera borrar el pecado del hombre. El vino a pagar el precio de la reconciliación. Su sangre tiene la capacidad y poder de borrar todos nuestros pecados. En el momento que le reconocemos como nuestro salvador, en ese momento nuestra cuenta queda saldada delante de Dios. Y ahora sí podemos empezar una relación nueva con nuestro Dios. Ahora como hijos podemos empezar a conocer realmente a Dios.

Dios es real y está buscando gente que le crea. Yo tengo catorce años de haber empezado mi relación personal con Él. Y créeme han sido intensos estos años; por nada del mundo cambio este tiempo. Él es lo mejor que me ha pasado en toda mi vida. Después de que me animé y conscientemente le pedí querer conocerlo, comencé a comprender la Biblia. Es impresionante. Difícil de explicar, pero ha así sucedió. Mi primer Biblia está toda subrayada; diario encontraba verdades que me impactaban, y hoy después de todos esos años la Biblia sigue hablándome directo al corazón. Yo te animo a que des el paso más importante de tu vida y restaures tu relación con Dios. Esto no tiene nada que ver con religión, esto tiene que ver con relación. De nada sirve ninguna religión si la relación con Dios está muerta. La mejor experiencia que puedes tener en esta vida es conocer de manera personal a tu Creador.

El Autor de las Soluciones. (Él es quien sana y soluciona)

Quien realmente le da solución a nuestros problemas es Dios. La Biblia es el medio de comunicación interactivo que Él usa para comunicarse con nosotros, y darnos soluciones para todos los problemas de nuestra vida. La Biblia es un medio de comunicación masiva que supera todo invento del hombre en ese campo.

La Biblia tiene la característica de poder hablar de manera particular a cada lector, y son millones los que la leen diariamente. La Biblia nos enseña que Dios es el Autor de todas las soluciones para nuestra vida. Las soluciones a tus problemas no van a venir como por arte de magia, sólo por leer mecánicamente la Biblia tres veces al día. Dios quiere que tus problemas sean solucionados, pero lo que más quiere es que te acerques a Él, y que tu relación con Él esté sanada. No hay nada mejor que tener a Dios de nuestro lado; nada como vivir sabiendo que el Creador del universo está de nuestro lado; nada como saber que estamos en el equipo ganador; nada como saber que Dios es papá. Nuestro papá.

Relación, no religión

Quiero aclarar algo de suma importancia: a lo largo de este pequeño libro, insistí que la parte de vital de la Bibliaterapia es poner por obra lo que ella dice. Aclaro que hacer obras, NO va a lograr que se nos abran las puertas del cielo; las obras no van a lograr que Dios esté contento con nosotros. Las obras no son para alcanzar el cielo. La misma Biblia lo dice. Las buenas obras son para que caminemos en ellas. Es el resultado de tener una relación perfecta con el Padre. El único que nos va abrir las puertas del cielo es Jesucristo; nadie más ni nada más, porque su sacrificio fue perfecto y completo. No hay que agregarle nada más. Lo que Él hizo lo hizo bien, Él es Dios. Ahora bien, una vez que tenemos esa relación sanada con Dios, entonces sí tenemos que caminar sobre las buenas obras. Es el resultado, no el medio.

Este es básicamente el proceso de la Bibliaterapia: poner nuestra vida en orden con Dios, y hacerle caso a todo el consejo divino que se encuentra en la Biblia. Poner en orden nuestra vida, trae como consecuencia un éxito integral, una paz que sobrepasa todo entendimiento humano, y una felicidad verdadera.

Promesas importantes de la Biblia

Hay más de tres mil promesas en la Biblia. Decir que las siguientes son las más importantes, es aseverar que todos los hombres son iguales a mí, lo cual obviamente no es cierto. Esta es sólo una guía. La mejor lista de promesas es la que tú vayas descubriendo para tu vida. Espero que éstas sean de gran ayuda para ti.

Promesa	Pasaje
Vida eterna	1 Jn 2:25
Si lo crees y lo pides, lo recibes	Mr 11:23-24
Perdón	Mt 6:14
El que busca halla	Mt 7:7-8
Descanso	Mt 11:28
No estaremos solos	Mt 28:18-20
Nada te dañará	Lc 10.19
Poca fe para grandes cosas	Lc 17:6
Ser hijos de Dios	Jn 1:12
Palabras de Sabiduría	Lc 21:14-18
No pasaremos hambre ni sed	Jn 6:35
Paz	Jn 14:23,27
Todas las cosas ayudan a bien	Ro 8:28
Amor inseparable de Dios	Ro 8:35-37
Todas sus promesas son "Sí"	2 Co 1:20
Hace más de lo que pedimos	Ef 3:20
Dios proveerá para toda necesidad	Fil 3:21
Sanidad	1 Pe 2:24
Cuidado de nosotros	1 Pe 5:7
Ver a Dios en esta Tierra	Sal 27:13

Terapias

Terapia “Meditación”

Esta terapia es básica. Está basada en **Salmos 1:2-3** que dice: *“sino que en la ley del Señor se deleita, y día y noche medita en ella. Es como el árbol plantado a la orilla de un río que, cuando llega su tiempo, da fruto y sus hojas jamás se marchitan. ¡Todo cuanto hace prospera!”* (NVI)

Concepto central: Aprender a prosperar por meditar en Su Palabra.

Beneficios: Encontrar la manera de que nuestros proyectos alcancen el éxito.

Primer movimiento: Escoge un versículo o pasaje de la Biblia. De preferencia que sea algo concreto.

Segundo movimiento: Memoriza el versículo o pasaje que escogiste, y repásalo en la mañana, al medio día, y en la noche antes de dormir.

Hazte preguntas sobre lo que lees. Preguntas como: ¿Está escrito en presente? ¿Creo lo que dice? ¿Tiene fecha de caducidad? ¿Cuántas enseñanzas tiene?

Tercer movimiento: Hazte otra pregunta: ¿Cómo puedo aplicar esto a mi vida?

La meditación es un arma poderosa para alcanzar éxito en nuestros proyectos. Meditar en La Palabra hace que se vaya arraigando en nosotros, de tal manera que va formando parte de nosotros y la vida de La Palabra empieza a actuar en nosotros.

Ejemplo:

1. Seleccionamos el versículo **Juan 6:27** *"Trabajad, no por la comida que perece sino por la comida que a vida eterna permanece, la cual el Hijo del Hombre os dará; porque a éste señaló Dios el Padre"*
2. Pregúntate a qué se refiere, ¿habla de ser flojo? ¿De qué comida habla? ¿Cómo podemos accesar a esa comida? ¿Es una comida que sólo Jesús puede dar?
3. Bueno, de ahora en adelante decido buscar aquella comida que proviene de Dios. Concluyo que la misma Biblia es alimento sano para mi vida, así que decido aplicar en mi vida diaria leer y estudiar la Biblia, buscando aquellas palabras que me dan vida.

Meditar es una de las armas fundamentales para que nuestros proyectos tengan éxito.

Terapia "No te equivoques"

Esta terapia también es básica. Está basada en **Juan 22:29** que dice: *"Jesús les contestó: Ustedes andan equivocados porque desconocen las escrituras y el poder de Dios."* (NVI)

Concepto central: Aprender a leer la Biblia y buscar una aplicación práctica en esta época.

Beneficios: Encontrar de manera sencilla soluciones para la vida diaria.

Primer movimiento: Busca un versículo de la Biblia.

Segundo movimiento: Hazte la siguiente pregunta: ¿creo en esto que dice la Biblia aquí?

Esto es clave ya que el poder de la Biblia se basa en creerle "a" Dios. No solo creer "en" Él. Muchos, pero muchos de muchos, creen en Dios. Pero muy pocos son los que le creen a Él. Esa es la diferencia.

Meditar en esto es el principio de esta terapia.

Tercer movimiento: Hazte otra pregunta: ¿Cómo puedo aplicar esto a mi vida?

A veces no ponemos en práctica algunos hábitos buenos, por la sencilla razón que no se han "estacionado" en nuestra mente. Son buenos consejos que no hemos "abrazado". La mejor forma de hacerlo es meditar en cómo lo pondríamos en práctica.

Cuarto movimiento: Ponlo en práctica.

Recordemos que Jesús mismo nos avisó que el poder de Su Palabra está en escuchar y hacer. Aprender y poner en práctica. Deja que tu mente se esfuerce por buscar maneras de poner en práctica el pasaje que elegiste.

Ejemplo:

Primer movimiento: Versículo elegido:

"Pedro se acercó a Jesús y le preguntó:—Señor, ¿cuántas veces tengo que perdonar a mi hermano que peca contra mí? ¿Hasta siete veces? —No te digo que hasta siete veces, sino hasta setenta veces siete —le contestó Jesús—." **Mateo 18:21-22**

Segundo movimiento: ¿Le creo?

Respuesta: Sí, totalmente.

Tercer movimiento: ¿Cómo le puedo poner en práctica?

Respuesta: Voy a perdonar a mi vecino que tira la basura todos los viernes frente a mi casa, (Voy a hablar con él y voy a hacer todo de mi parte de tratar de convencer de manera decente que ya no lo haga) Pero mientras se convence, decido perdonarlo cada vez que lo haga.

Cuarto movimiento: Perdonar

Este sencillo, pero poderoso ejercicio hará que te habitúes a encontrar la manera de poner en práctica las enseñanzas de la Biblia.

Terapia "Permaneciendo"

Esta terapia está basada en **Juan 15:7** que dice: *"Si permanecen en mí y mis palabras permanecen en ustedes, pidan lo que quieran, y se les concederá."* (NVI)

Concepto central: Aprender a permanecer en Su Palabra consigue que lo que le pidamos nos sea concedido.

Beneficios: Encontrar la manera de orar con respuesta.

Primer movimiento: Medita todo el contexto de este pasaje. Lee **Juan 15:1-8**

Segundo movimiento: Hazte las siguientes preguntas: ¿Cómo puedo permanecer en Cristo?

El primer paso es creer que Jesús vino a cumplir la misión de reconciliar al hombre con Dios. Lo único que tienes que hacer es confesarlo, decirle con tus propias palabras que has creído en Él. Eso es todo, así de fácil. El no pide otra cosa más que le creas.

¿Y cómo pueden permanecer Sus palabras en mí?

Esto es importante porque muchas, pero muchas personas, cuando oyen la palabra de Dios lo único que hacen es tomarla como algo místico. Lo que debes hacer para que Su palabra permanezca en ti es ponerla en práctica.

Tercer movimiento: Hazte otra pregunta: ¿Cómo puedo aplicar esto a mi vida?

1. Confiesa que has creído en Jesús
2. Hazte el hábito de leer la Biblia y ponerla en práctica
3. Platica con Dios creyendo que vas a recibir lo que Él ha prometido.
4. Haz una oración sencilla como esta, usando tus propias palabras: Señor Jesucristo, yo creo que tú eres el hijo de Dios y que moriste en la cruz para perdonar todos mis pecados. Creo que resucitaste y decido obedecer tu Palabra.
5. Si nunca has leído la Biblia, te recomiendo que empieces por un evangelio. Escoge uno y lee porciones diariamente; lo que vayas aprendiendo ponlo en práctica.

6. No dudes en platicar con Dios. Él cumple lo que promete.

Esta es una de las grandes promesas de Jesucristo. Sólo es cuestión de creerle.

Terapia "Una y una"

Leer la biblia en voz alta y orar

Escoge de 7 a 10 versículos sobre un solo tema, por ejemplo paz, o victoria sobre el temor, o cualquier tema que te interese.

Aparta un tiempo a solas, un tiempo donde no tengas distracciones, apaga las notificaciones de tu teléfono. La mecánica será la siguiente:

1. Lees un versículo en voz alta y después lo oras, tu oración debe ser guiada por el versículo que leíste. Acuérdate que orar es platicar.

   Ejemplo; vamos a suponer que elegiste el siguiente versículo:

   "...Solamente sé fuerte y muy valiente. Cuídate de cumplir toda la ley que Moisés Mi siervo te mandó. No te desvíes de ella ni a la derecha ni a la izquierda, para que tengas éxito dondequiera que vayas..." **Josué 1:7**

Después de leerlo en voz alta puedes hacer una oración así:

"Padre, gracias porque solo me pides que me esfuerce y sea valiente, ayúdame a cumplir lo que tu palabra dice y de antemano te agradezco porque sé que esto traerá éxito a mi vida y podré honrarte con mis acciones…"

Es una oración que gira en torno al versículo seleccionado.

2. Cuando termines te sigues con el siguiente versículo o pasaje.

3. Y así sucesivamente hasta que termines de leer y orar tus versículos seleccionados.

www.ingramcontent.com/pod-product-compliance
Ingram Content Group UK Ltd.
Pitfield, Milton Keynes, MK11 3LW, UK
UKHW041843200726
13854UKWH00005BA/2038

9 786072 927384